카톡 통신 4

카톡 통신 4

ⓒ장일환

초 판 1쇄 발행 2025년 6월 27일

지은이 장일환
펴낸이 정선모
디자인 가보경 이소윤

펴낸곳 도서출판 SUN
출판등록 제25100-2016-000022호
주 소 서울시 노원구 덕릉로 94길 21. 205-102
mobile 010. 5213. 0476
e-mail 44jsm@hanmail.net

ISBN 979-11-88270-96-5 (03810)
값 15,000원

• 잘못된 책은 바꿔 드립니다.
• 이 책의 전부 또는 일부 내용을 재사용하려면 사전에 저작권자와 도서출판SUN의 동의를 받아야 합니다.

카톡 통신 4

장일환 시집

SUN

책머리에

4집을 3집과 같이 내게 되었다.
이왕 시작했으니 몇 년 안에
10집을 발행해 보려고 한다.
욕심인 것을 안다.
시 작업은 끊임없는 자기 수련의 모습과 같다.
자신이 살아온 삶의 과거, 현재를 화두로 삼아서
'어떻게'라는 해답을 찾아가는 과정이다.
이것을 통해서 내 미래를
방향 설정하는 고독한 수행이다.
나는 쉬지 않고, 매미와 같은 삶이
기다리고 있다 하더라도
이 수행을 멈추지 않을 것을 안다.
나는 여전히 장일환이기 때문이다.

2025년 6월에
장일환

목차

책머리에 · 5

1부 ·

촛불을 위하여 · 13
또 눈이 내린다 · 14
주릿대 치마를 입은 여인 · 15
세상은 잠든 것과 깨어 있는 것이 모여서 이루는 조화다 · 16
사랑은 오감 같아서 느낄 수 없으면 사랑이 아니라 정치에요 · 18
사랑은 기다리는 게 아니다 · 19
라떼를 품은 힐잔으로 새벽 서늘함을 감싸주세요 · 20
받았을까 아님 주려는 걸까 · 21
당신의 옆 모습을 보다 보면 어릴 적 고향 생각이 납니다 · 22
봄은 이미 시작되었다 · 24
당신은 제가 공작 같기를 원하나요 · 25
사랑의 방정식 사랑 = -1 · 26
별 일만에 사랑을 · 28
내가 사는 곳은 네가 편한 곳이면 된다 · 29
한 번은 가볍게 또 한 번도 가볍게 · 30
그래 안녕 · 31
사랑은 그리움으로 그리움은 음악으로 · 32
창가에 앉아서 바다를 보면
   깊은 바다에서 내 심장 소리가 들리나요 · 33
호박꽃 필 무렵 · 34
나를 기다리는 배 · 35
사월에 빠져서 하늘을 보고 누웠더니 · 36
사월이 지나간 자리에 서서 · 37
설원의 벌판에서 · 38

2부 ·

사월이 피운 꽃 · 43
일월의 소나티네 · 44
커피를 탔어요 · 45
흰 장미를 만나다 · 46
눈 내린 날 첫 발자국을 찍다 · 47
고민하지 마 사랑은 고민하면 안 돼 · 48
너를 만나려고 긴 세월을 보냈었는데 이제 다시 너를 보낸다 · 50
철새는 밤에 떠나네 · 51
장미꽃 한 송이가 할 수 있는 건 아무것도 없다 · 52
여기 촛불 하나 있어 · 53
별 · 54
그 발은 당신 발이 아니오 · 55
의림지의 봄 · 56
거침없이 간 일월 이월 삼월 사월아 너도 똑같구나 · 57
사랑, 그 추상의 이름이여 · 58
아가야 내 어릴 적 아가야 · 60
세상엔 하얀 꽃들이 봄부터 지금까지 피고 지고 했지만 · 61
나비야 내 정물 속의 나비야 · 62
나비야 어릴 적 내 필통 속의 나비야 · 63
봄비가 내린다 · 64
빗속에서 울지 말아요 당신답지 않아요 · 65
사랑은 졸릴 때 떠난다 · 66
사랑아, 덜떨어진 내 사랑아 · 67
밤, 어디로 가나 · 68

3부·

인생은… · 71
그래 민들레야 · 72
부르고 싶은 사람이 있다 · 73
해산을 만나다 · 74
하루를 살아도 더 아름답게 더 건강하게 · 75
바오밥(바오바브)의 꿈 · 76
늘 가슴속에서 날아라 · 78
삼월의 식탁 · 79
사랑은 술에 절어서 지금 봄비처럼 흘러내린다 · 80
나는 네가 커피로 불릴 때가 싫다 · 81
의림지의 겨울이 녹고 있네 · 82
봄소풍 가세 · 83
빈 까치집에도 하루를 열어주시는 하느님 · 84
집에는 언제라도 떠날 배가 있어야 한다 · 85
고독한 남자 1 · 86
고독한 남자 2 · 87
꿈의 거울에 비친 실루엣은 네 꿈이 만들어낸 미래란다 · 88
봄은 우리에게 어떤 존재일까 어떻게 공유하는 시이일까 · 89
사월의 당신 · 90
당신이 앉았던 자리엔 커피 향이 흐르고 · 92
당신의 지난 삶에 인식된 인연이여 그 시간의 조화여 · 94
처음엔 몰랐어요 천덕꾸러긴 줄로만 알았어요 · 95

4부 ·

타임머신을 타고 조선 시대의 미인을 만나다 · 99
조선 시대 말기 한복의 노출 패션을 만나다
   여자는 아름다움 앞에서 항상 당당하다 · 100
나부(A woman in the nùde) · 101
소녀와 강아지 · 102
나를 행복하게 하는 법 · 103
킬힐의 의미 · 104
이월의 와인 · 105
어디에 살든 사는 것처럼 살면 돼 · 106
와인, 카페의 밤 · 107
그리운 어머니 · 108
우리들의 어머니 · 109
어머니, 우리들의 어머니 · 110
완두콩 79 · 111
가장 사랑하는 것을 버리면 바뀐 세상을 보게 된다 · 112
정월 대보름달이 뜨면 · 113
삶은 계란 까는 법 · 114
부처님은 말씀하셨다 · 115
아름다운 사람이 여는 세상은 황홀하고
   아름다운 마음을 가진 사람이 여는 세상은 세상 그 자체다 · 116
상현의 밤 · 117
짝 안 맞는 양말과 부끄러움에 대해서 · 118

5부 ·

고향가는 길 4 · 121
내 마음의 한파 · 122
밀애, 트로트의 귀환 · 123
눈이 내리는 날 병실에서 · 124
설날에 세상이 바뀌어 가는데 우리도 변해야지요 · 125
저녁 식사를 차리면서 · 126
지켜줄 수 있어야 사랑이다 · 127
겨울을 지우는 청소 · 128
어떻게 살 것인가 · 129
지금 보리는 · 130
세상을 막걸리가 바꾸진 않겠지만
   화를 참는 시간을 벌 수는 있다 · 131
인생은 자신이 원하는 대로 살아지는 게 아니다 · 132
입의 기능은 먹는 것이다 · 133
고양이 다섯 마리 · 134
남녀 간의 사랑과 평화는 같지만 착각하기 쉽다 · 135
당신을 초대하고 싶은 날 그리고 막걸리가 생각나는 날 · 136
바다가 육지라면 · 138
나는 이브다 인류 최초의 여성이다 · 140
건강하면 알게 돼 · 141
올해도 열심히 살아왔구나, 남은 며칠이라도 쉬어가야지 · 142
책상 위에서 십이월의 캘린더가 찢길 날을 기다리고 있다 · 144

1부

촛불을 위하여

촛불 속으로 들어갑니다
빛 앞에서도 변하지 않고
언제나 당당한 당신
오늘은 촛불을 끄려 합니다
어둠 속에서 보이지 않으면서도
우리가 쌓은 믿음의 세계로
내 손을 잡으며 들어온 당신
사랑이 서로를 찾기까지
얼마나 많은 세월을 기다렸던가
시한부 촛불 앞에서도
우린 이제 부끄럽지 않습니다
아직 어둡지만
오늘은 촛불을 끕니다

또 눈이 내린다

또 눈이 내린다

눈은 세상을 향해서 내리는데

쌓이는 곳은 늘 가슴이다

가슴에서 설움 반 세상 탓 반

그렇게 쌓여만 간다

오늘은 세상에 태어나서

처음으로 눈을 기다리지 않았다

창밖이 어떻게 변했을지 궁금하지도 않았다

다시 사랑하게 된다면 어떻게 할 수 있을까

오늘 눈 같은 사랑이면 죽어도 하지 않겠다

여자든 남자든 사랑을 하려면 공부가 답이다

내 사랑하는 사람의 마음을 다치지 않게

사랑법에 대해서 제발 공부가 답이다

눈이 내리면 뭘 하나

차라리 밤하늘에 별이라도 뜨게 하지

별이라도 떠서 내 별이라도 찾게 해주지

주릿대 치마를 입은 여인

어린 나이에 한 혼인과
인생을 저당 잡힌 주릿대 치마
산다는 것이 수행의 길임을
너는 아직 몰랐더냐
밀려오는 슬픔은
그대로 흘러가게 두어라
언제고 봄은 올 테고
또 보릿고개도
찾아오지 말라는 법은 없는 법
지금부턴 외로워서 여인이다

세상은 잠든 것과
깨어 있는 것이 모여서 이루는 조화다

눈을 뜨니

세상이 바뀌어 있구나

하지만 바뀐 것은 없다

다 우리 가족, 이웃들인데

같은 바람과 추위와 눈을

공평하게 맞았는데

살아 계실 적에 어머니는 항상 말씀하셨지

세상 탓하지 마라

세상과 자연은

우리에게 늘 공평했단다

너는 사랑을 잃은 것이 아니라

네 믿음과 용기를 잃은 것이다

그가 없으면 안 되는 네가

왜 그 사람이 없으면 안 되는지

그래도 그 사랑이 최선이면 만나라

하지만 네가 깨어 있을 때

네 사랑은 항상 잠들어 있을 것

그래도 아름다운 사람이면 됐다

통곡한다고 기다려 주겠니

네 이름을 기억해 줄 사람이면 됐다

사랑은 오감 같아서
느낄 수 없으면 사랑이 아니라 정치에요

내가 당신을 용서할 수 있을까

아직 사랑도 잘 모르면서 사랑을 얘기하는 사람이

당신이 아니었으면 좋겠어요

사랑과 정치가 다른 점은

사랑은 변할 수 있다지만

정치는 미친놈들의 집단이라

쉽게 바뀌지 않는다는 것이겠지요

용서 안 해도 되겠지만

우리는 서로 용서할 수 있는 관계가 아니에요.

모르는 척하던가 가슴에 묻어두던가

둘 중에 하나만 선택하면 되는 쉬운 거예요

그러나 올해는 서로 사랑하고 조금씩 양보해서

더 나은 미래로 가는

노력하는 해로 만들었으면 좋겠네요

독수리보다 높은 하늘에서 상승기류를 타고

바보 같은 자신을 위하여 작은 기도라도 해보세요

날씨만큼 매서운 운명이 당신을 기다리고 있어요

사랑은 기다리는 게 아니다

사랑의 완성은 결혼 동거 섹스
이런 것들이 아니다
죽음이 갈라놓을 때다
이전까지는 사랑의 진행형이다
기다리는 것은 사랑이 아니다
사랑은 그냥 믿는 것 도움을 원하면
비로소 내 사랑에게 필요한 최선
또는 차선의 길을 찾아내는 것
그것을 잊어버리면 집착하게 되고
끝내는 미쳐가게 된다
따뜻한 봄날이 가기 전에 사랑하는
사람의 손을 잡고 어디든 떠나라
그리고 아름답다 멋있다고 말해라
손을 놓으면 멀어지는 게 사랑이다
사랑은 기다리는 게 아니다

라떼를 품은 힐잔으로
새벽 서늘함을 감싸주세요

편하게 주무셨나요
새벽 공기가 제법 서늘합니다
오늘은 어떤 꿈을 꾸셨나요
세상을 사랑할 준비는 되셨나요
뜨락의 층층나무꽃이 당신에게
순백의 사랑을 고백하는 날
맑은 모습이 매혹적인 당신에게
카페라떼를 준비했답니다
당신의 따뜻한 입김으로
힐잔을 포근하게 감싸주세요

받았을까
아님 주려는 걸까

사랑은 받으면서 미안하고
주면서도 미안한 마음인 거
그래야 사랑이지
주면서 부끄러워하지 않고
받으면서도 소꿉놀이야 하는
그게 사랑이지
계절에 한 번씩은
가슴 가득 꽃을 안겨주고
계절에 한 번쯤은
사랑을 배달할 수 있는 사람
음식 좀 못 하면 어때
사 가지고 가서
불쑥 내밀면 되는 거지
사랑은 사소한 것에도 웃는 거
이걸 저버리면 안 돼

당신의 옆 모습을 보다 보면
어릴 적 고향 생각이 납니다

겨울 해거름

깻대로 군불을 땔 때 자주 맡았던 향이

수십 년이 흐른 지금 당신에게서 납니다

당신은 누구일까

익숙한 듯하면서도 떠올려지지 않는 얼굴이

제가 아는 당신 전부인데도

고향 같아서

몇 정거장 자다가 지나쳐온 시골의 고향 같아서

되돌아보게 합니다

금방 불이 붙었다가도 바로 사그러드는 깻대의

불에 자지러지며 타는 소리가

산골 바람에 쓸려 잦아들고

섬찟하도록 차가운 별들이 하나둘 떠오를 때

바싹 말라 오그라든 그 고향집 같은 여자가

문득 생각이 났어요

겨울밤이 아무리 길어도 당신의 육자배기만 할까

밤새도록 삭풍이 문풍지를 뜯는다 해도

한 발자국도

움직이지 않을 것 같은 먼 고향의 당신

봄은 이미 시작되었다

하얀 설원 속에서는
당신의 심장을 닮은 봄이
미세한 박동을 시작하고 있다
이젠 우리가 얼어붙었던 마음을
녹여야 할 때다
잊자 잊자 하면서도
가슴 한쪽에 묻어두고 있던
묵은 과거를 털어내고
오늘은 용서를 하든 요절을 내든
결정할 때다
봄은 그래야 온다
그렇게 오는 봄이라야
바람에 날이 섞여 있지 않다
아직은 보이지 않는다 해도
내 봄은
당신의 봄은 이미 시작되었다

당신은
제가 공작 같기를 원하나요

아니요
아름답지만 당신은 여자잖아요
별 그림자에 숨어 있다가
소리 없이 다가온 당신
그냥 좋았어요
당신이 정작 공작 같았다면
너무 슬펐을 그날
진짜 공작을 보았어요
그리곤 그냥 당신이라서 좋았어요
당신이 공작 같았으면
평생 그 목소리 어떻게 듣고 살라고요
고마워요
공작을 닮지 않아서
어두울 때 만나
별빛이 촘촘히 박힌 야회복을
내게 첫 번째로 보여주어서

사랑의 방정식
사랑 = -1

사랑은 줌으로써 얻는 행복이라

계산식은 항상 마이너스다

이것을 모르고서 사랑을 해선 안 된다

사랑을 한 번도 배워 본 적도 없는 사람들이

사랑하게 되면 문화적 충돌을 한다

자연스러운 일이지만 좋은 일도 아니다

마음의 정표를 나누면서 선물이라 생각하면

이미 사랑이 아니다

장부처럼 기억하는 사랑이면 사랑이 아니다

사랑은 당당해야 된다

-1이면 사랑이고, 그 이하면 비굴이고,

그 이상이면 비즈니스다

아깝지 않을 정도가 사랑이다

오늘은 사랑을 위하여 그녀를 만나기로 한 날

빨간우산을 쓰고 기다리고 있을 그녀에게

달려가서 손을 잡아주자

아무 말 하지 말고 차가운 손을 잡아주자

이렇게도 내 가슴을 뛰게 하는 사랑아
허허벌판에서 둘만 남아 고립되더라도
우산 하나로 서로를 지켜줄 수 있는
사랑아

별 일만에 사랑을

별 일만, 나 일만

별 구천구백구십구, 나 구천구백구십구

별 구천구백구십팔, 나 구천구백구십팔

잠이 안 올 때 사랑이 떠나갔을 때

일만부터 시작해서 거꾸로 헤다 보면

백 단위도 헤기 전에 세상모를 잠이 들었다

잠은 꿈을 부르고 꿈이 연출하는 각본은

날이 훤히 세어서야 종료 버저가 울렸다

하루에 별을 일만 번씩 헨다면

삼십 년은 헤어야 채워질 별 일억

광적인 불면증을 이것으로 치유한다면

삼십 년 후에 나는 어떤 모습일까

저 하늘에 별을 한 사람씩 나눠 살게 한다면

그 많은 무인별은 외로움에 떨다가 어떻게 될까

아름다운 것이 더 외롭다는 말만 기억하면

나는 그리 슬플 것도 없는 사람

별 하나 나 하나

별들도 그러다가 지겠지

내가 사는 곳은
네가 편한 곳이면 된다

어디에 살든

네가 편한 곳이면

나도 정이 들 것 같다

그곳에서 지난날을 반추하며

새로운 사랑을 해보고 싶다

일 년 내내 비가 와도 좋다

일 년 내내 눈이 와도 좋다

한 평의 공간이면 된다

너를 편안하게 해주는 공간에서

같이 숨을 쉬는 데는 한 평도 많다

오늘 새벽에 막걸리를 사면서

막걸리 무게만큼 전해지는

모진 사랑과 새벽 추위를

우리의 아픈 과거인 양 몸에 담았다

그래 편한 곳이

세상 사는 답이다

한 번은 가볍게 또 한 번도 가볍게

산책과 연애는 같아요

계속해서 걷다 보면

몸도 가벼워지고 마음도 편안해지거든요

새벽 오전 오후 그리고 밤 네 번의 시간대에서

몸에 잘 맞는 시간을 선택하고

집안일 바깥일은 잊어버리세요

걷는 동안

눈앞에 스치는 세상 돌아가는 일들을

크로키하듯 받아들이고

지나치는 순간 머릿속에서 지워버리세요

연애도 이와 같아요

빨리 걸으면 숨이 가쁘듯 상대도 힘들어해요

산책하듯 천천히 좋은 점을 찾도록 노력하세요

하지만 시간관념 경제관념이 약하고

세상을 보는 눈이 긍정적이 아니면 피하세요

산책할 때 연습했던 것처럼 머릿속에서 지우세요

연애는 따스한 봄날 산책 같거든요

그래 안녕

정겹고도 고마운 인사말 안녕

봄날에 잘 어울리는 안녕이지만

안녕은 언제나 슬픈 인사말이다

기약이 있을 수 없는 안녕이기에

봄날은 사방이 아지랑이로 자욱했고

착각할 수 없을 만큼 세상은 늘 아득했다

오늘 팔현호수 너머 천마산이

그리움처럼 아지랑이로 번져간다

아직 벌과 나비는 날지 않는데도

꽃은 세상을 나갈 준비를 마쳤다

곧 상견례를 위한 작별이 시작되겠지

이별의 인사 안녕이라고

그래 안녕

다시 만나자고 하면서도 헤어진다는

숙명의 인사

그래 안녕

사랑은 그리움으로
그리움은 음악으로

당신을 보고 있으면 아름다운

음악이 생각나오

눈 코 귀 입 눈썹

그 어느 것 하나

클래식 앙상블에서 없으면 안 될

악기들로 변해 있구료

비가 오면 오는 대로

눈이 오면 오는 대로

맑은 날이든 안개가 자욱한 날이든

누구든 초연하고 싶은 당신의 음악 세계

이래서 수십 년이 지나도록

당신을 잊지 못하는 거요

그동안 가슴 깊이 감추고만 살았던

그리움을 꺼내 들고

당신의 아름다운 세계를

같이 협연하고 싶소

미안하오, 너무 늦어서

창가에 앉아서 바다를 보면
깊은 바다에서 내 심장 소리가 들리나요

당신 그거 아세요

내가 당신을 만나러 갈 때는

심장을 앞바다에 담가놓고 간다는 것을

내 꿈속의 바다 깊은 곳에 심장을 감춰놓고

당신을 만나러 가면 그래도 안심이 되네요

원래 여자들은 거짓말과 과장을 곧잘 한다지만

너무 작은 것부터 시작해서 본인도 모르게

몸에 밴 습관이라 나무라고 싶은 생각은 없습니다

하지만 심장이라도 놓고 가야 당신을 만난 후

제자리로 돌아올 것 같아서 시작한 것이

저도 모르게 버릇이 되어버렸습니다

아름다울수록 더 심한 거짓말로 영혼을 흔드는 사람

아름답지 않다고 거짓말을 못하는 것이 아니에요

거짓말은 애드리브가 아니라 대본이니까요

오늘도 사랑을 찾으러 나가면서

심장을 감춰놓은 곳의 비밀지도를 가지고 나갑니다

맘에 들면 슬쩍 그 사람 앞에 흘려놓게요

호박꽃 필 무렵

호박꽃을 아시나요

밤하늘의 별을 닮은 호박꽃

넝쿨마다 호박을 매달고

너털웃음 웃는 꽃

오늘은 당신이 유독 그리운 날

호박 된장찌개와 호박 새우젓 볶음

애호박 도래전을 부쳐 보리다

그리고 당신이 생각날 때마다 빚던

호박꽃 만두도 상에 올리고 싶소

세상에서 가장 밝고 세상에서 가장 맑고

세상에서 가장 아름다운 꽃

뜨락을 밤하늘의 별자리로 만들고

밤늦도록 기다리는 꽃

나를 기다리는 배

나를 기다리는 배가 있다
내가 원해서가 아니라 나를 설득해서
꿈의 나라로 보내려고 하는 배
보고 싶지 않아도 좋아하지 않아도
기다리는 배는 묵묵히 정박해 있다
내 친한 이웃과 나를 담고 있는 세상이
나를 멀리 보내기 위해 지정한 배가
새벽 뱃고동을 울리고 있다
한 번 타면 돌아올 수 없는 배는
호수 위에 떠서 긴 뱃고동을 울리고 있다
가야 하나 갈 수밖에 없나
아직 하늘은 어두운 데 배에 오른다
기약도 없는 먼 뱃길
기다리던 배가
깊은 꿈속을 달리고 있다

사월에 빠져서
하늘을 보고 누웠더니

혼자는 못 보내

너 혼잔 죽어도 못 보내

그러던 사월이 슬그머니 내 손목을 놓았다

내 조그만 뜨락엔 나 없이도 살아보려는

어린 생명들의 여린 숨소리로 가득하다

나도 언젠가는 이들의 손목을 놓을 때가 오겠지

돗자리 한 장 그늘 밑에 깔고서

올해 들어 처음으로 하늘을 보고 뜨락에 누웠더니

따뜻하다 이래서 사랑을 하는가 보다

이대로 내 사랑을 가슴 깊이 들이마신다

세상이 두 쪽이 난다고 해도

나는 네 손목을 놓을 수가 없겠지

사월이 파란하늘에 삼분의 일쯤 걸려서

구름 속에 숨어 있었네

사월은 내 손목을 놓았다 해도

나는 내 사랑의 손목을 놓을 수 없네

저 하늘의 구름처럼 수시로 변할 수 없네

사월이 지나간 자리에 서서

사월이 지나가고 비가 내렸다
떠난 사람 흔적처럼 사월의 흔적에
슬픔이 고여 있다
파문이 일며 깊이 가라앉고 있는 정
그래 놓고 간 것은 무심했던 정이다
버리고 간 것이 아니라
놓고 간 나의 비겁한 정이다
오월엔 사월에 속죄하는 마음으로
하루를 열어 갈 것이다
초하루에도 비를 내려야 하는
한을 달래주지 못하고 간다
천둥을 치며
뭉쳐있던 우리들의 지난 추억에
추적추적 비가 내리고 있다
이제 지난 것은 잊을 것이다

설원의 벌판에서

뒤돌아보니

내가 지금껏 살아온 흔적이 있네

넓은 설원 위에 고지식하게 외줄로 찍힌 발자국

세상을 한 번 살 기회밖에 없으면서도

참 바보같이 살아왔구나

먼 훗날 나는 나를 위해서 어떤 글을 남길 수 있을까

재미있게 살아오지 않아서 재미있는 얘기가

있을 수 없겠지만

고작 술 얘기 정도는 끄적일 수 있을 것

새벽녘 혹한의 바람이 불어온다

그 바람 속에서 내 나이가 얼어간다

이렇게 언 나이로도 할 수 있는 일이 있을까

이 추위에서 살아난다면 마지막 사랑을 해보고 싶다

어떤 얘기든 들어주는 사랑

어떤 부탁도 들어주는 사랑을 해보고 싶다

이 나이 되어서 사랑을 새로 시작할 수 있다면

그 사랑을 위해서 한목숨 바칠 수 있겠네

이 새벽 설원의 벌판에서

외길로만 걸어온 마지막 흔적을 돌아보며
예보된 눈을 기다리려네

2부

사월이 피운 꽃

참꽃이 된 진달래

이제야 피기 시작한 철쭉

엊그제

살아보겠다고 내뺀 마누라

아직도 뭐가 그토록 아쉬워

질듯하면서도 지지 않는 벚꽃

하지만 하지만

사월의 꽃은 동강할미꽃이지

늙어서야 꽃을 피우는 할미꽃이지

이제야 서로 알아본 슬픈 할미꽃

일월의 소나티네

시간은 꿈의 영상을 만들어 낸다
수많은 꿈의 기록 속에서 오늘 재생할 꿈 중
과거 같지만 현실에서 진행되는 꿈이
오디오가 없이 반복 재생되는
하루가 또 시작되었다
세상의 소음으로 듣지 못하는
내가 살아가는 천체의 메커니즘 무곡은 어떤 것일까
우리가 창조한 악기로 그 음을 재현할 수 있을까
일월이 간다
냉장고 속에선 기억의 반복을 위한 축제
차례의 재수가 익어가고 있다
꿈이지만
구운몽 같지 않은 사랑으로 가득한 슬픈 꿈이
오늘 하루는 어떤 핑계를 댈까
무음의 고요가 만드는 하루다

커피를 탔어요

이 커핀

우리 지난날을 잊으려는 망각의 커피요

세상의 보푸라기처럼 살아왔지만

내일의 꿈을 새로 꾸려하오

처음엔 버림받은 것에 마음 아파했어도

죽은 사랑을 내려놓으니 모든 게 편해졌소

장 보는 것도 일하러 가는 것도 놀이라오

우린 세상에서 무서울 것이 없는

서로에게 필요한 사람

사랑도 알고 보면 싱겁기 짝이 없소

예전엔 사랑 때문에 끊으려던 목숨이지만

남은 생을 이제부턴 소중하게 살려 하오

사랑은 그저 지나가는 산들바람

봄바람도 아니고 소슬바람도 아닌

커피 향 같이 예정에 없던 약속이요

흰 장미를 만나다

이름이 욕이 될 수도 있구나
이름을 불러주는 것도 욕이 될 수 있구나
장미에 무슨 이름이 필요할까
오늘 아침
웨딩드레스 같은 추억의 향연을 만나니
참 몹쓸 놈의 삶을 산 생각이 든다
나를 만나서 마음을 다쳤을 사람
사랑이 떠난 사람들 생각이 난다
이제부터라도 생활의 방식을 바꿔볼까
세상이 원하는 대로 그렇게 변해볼까
흰장미처럼 그냥 눈에 띄지 않게
꽃들과 섞였을 때 눈에 들어오지 않는
그런 삶을 살아볼까
혼자 있지 않으면
깨끗한 바탕색으로만 보일 하루를 보내볼까

눈 내린 날
첫 발자국을 찍다

태어나서 백 번은 더 찍었을 첫 발자국

나이가 들어서도 계속 찍고 있다

의미는 별로 없는 것이라지만 산다는 것의 의미가

이런 것의 연속 아닐까

설혹 허무주의자라고 해도

의미를 부여하지 않는 것이 의미일 것이다

지금까지 이 세상을 살아왔던 사람들은

가치판단을 단순하게 두지 않고

점점 복잡하게 이끌어냈다

수십억의 인류가 서로 다른 가치를 위해서 일한다 해도

계속해서 새롭게 생겨날 가치관

우린 그런 생존법을 키워드로 배워 왔다

오늘 내린 눈 위에 누군가가 찍었을 발자국

그 발자국이 주는 것은 신선한 감동이다

그것이 우리들 세상을 만들어 왔다

첫 발자국이 그렇다

고민하지 마
사랑은 고민하면 안 돼

성자도 사랑 앞에선 흔들릴 수 있다
그게 사랑이다
그런 사랑을 마음이 가는 대로
몸이 가는 대로 따라가야지
고민하면 본질을 벗어나게 되어 있다
헤어질 것인가 지속할 것인가 외엔
선택의 폭이 좁은 게 사랑이다
타인의 눈치나 비즈니스적인 종합평가에 의해
선택한 사람은 사랑이 아니라 삶의 반려자다
이 세상의 많고 많은 사람 중에
사랑 한 번 못 해보고 죽는 사람이
태반이 넘는 것을 아는가
그만큼 사랑은 쉬우면서도 기회가 잘 없다
사랑은 사랑을 지키기 위한 능력과
물러날 줄 아는 양보의 용기가 필요하다
사랑은 게임이 아니라서
이기는 데 의미가 없기 때문이다

나는 오늘도 사랑을 찾아 나섰다
숨 쉬듯이 밥 먹듯이 해야 하는
자연스러움이 언제쯤 몸에 배게 될까

너를 만나려고 긴 세월을 보냈었는데 이제 다시 너를 보낸다

인연이란 이런 걸까

붙잡아도 된다면 잡을 수 있을까

사랑 때문이 아니고 생존 문제로 가야 한다면

보낼 수 있을까

사랑을 빌미로 너를 옭아매는 것을

이기적이라 한다면

너를 보냄은 너무 사랑해서인가 아니면

이별을 곱게 포장한 또 하나와 내 이중성인가

하지만 하지만 아직도 그리움 같은 이여

철새는 갔다가 돌아온다지만

너는 돌아올 수 있겠니

오늘 가슴에 적는 일기 같은 사연을

너는 잊지 않고 기억할 수 있겠니

사랑은 만날 때보다 헤어질 때가

그 사람을 아름다운 추억으로

평생을 가둔다는

의미를 생각해 보는 날인 걸 알겠니

철새는 밤에 떠나네

간다네 그냥 간다네
언제 온다는 말은 없었네
우리가 서로 살가웠던가
지난겨울 폭설 속을 헤칠 때
나는 너를 잊고 살았지
밤이면 고향의 별을 찾던
부평초 같은 우리는 고향바라기
다시 돌아올 수 있겠니
못 온다는 말은 하지 마
그러진 않겠지
속상해도 그러진 않겠지
나는 너를 기다릴 수 있겠지만
내 품에 안겨야 철샌데
그래야 철샌데
작별의 인사도 필요 없었네

장미꽃 한 송이가 할 수 있는 건 아무것도 없다

오늘 내가 당신에게
장미꽃 한 송이를 선물한다면
꽃의 의미에 따라서
웃을 수도 울 수도 화를 낼 수도 있겠지
그러나 장미꽃 한 송이가 할 수 있는 건
아무것도 없다
사랑은 항상 변수 위에 존재한다
그리고 절대적이지 않다
나는 지금 청혼하는 게 아니다
그렇다고 데이트 신청도 아니다
한 송이 꽃이 있어서 가까이 있는
당신 손에 쥐어준 것뿐 그러나 당신은
내게 과분할 정도로 아름다운 여자
당신을 보면서 내 마음은 지금
장미가 가득 핀 온실을 선물하고 싶다
오늘 장미꽃 한 송이가 내 손에 잡힌 것이
슬픈 사랑의 시작이 아니었으면 좋겠다

여기 촛불 하나 있어

지켜주지 않으면 꺼지고야 말
촛불이 지금 바람을 보고 있다
그저 바라만 본다지만
바람에 안기면 꺼질 것을 아는지
촛불이 눈물을 흘리며
나보다 더 슬프게 울고 있다
초야, 바람의 언덕에서 왜 불을 밝혔니
한 번 꺼지면 영원히 잊힐
너의 미래가 궁금해서였니
빠르다고 다 좋은 건 아닌데
잠깐의 호기심으로 바람의 언덕에 섰구나
누군가가 있어서 잠시 바람을 막아줄 순 있겠지만
영원히 막아주진 못한단다
네가 바람을 본다고 뭐가 달라지겠니
바람 소리를 듣는다고 뭐가 달라지겠니
변하는 건 너의 소멸뿐
우리의 이별뿐

별

별이 뜨도다
별을 밤마다 가슴에 담은 지
칠십 년
이젠 하늘을 보지 않고도
별자리를 그릴 수 있게 되었구나
밤의 별에 익숙해지면
낮에도 별이
하늘에 가득함을 인정하게 되나니
낮에 뜬 별은 신뢰의 별
너와 나 믿음으로 알고 있는 신뢰의 별
그렇게 보낸 칠십 년의 하늘에
별이 뜨도다
오늘도 당신의 별과 내 별이
사이좋게
밤하늘을 빛내고 있도다

그 발은 당신 발이 아니오

당신이 사랑하는 사람 당신을 아끼고
가까운 거리에서 따뜻하게 지켜주는 사람
그리고 당신의 꿈이 녹아 있는 미래가
그 발의 주인이오
이제 할 만큼 했으니 아껴주시오
아껴주지 않으면 당신은 나쁜 사람이오
오늘 얼마나 봄볕이 따스한지
이러다가
봄도 휙 떠날까 걱정이 되오
얼굴에 치장할 거 십 분의 일이면
편안한 날이 될 것을 아직도 모르고 있소
자신의 사랑은 발부터 시작인 게요

의림지의 봄

겉만 보고 판단하지 마시게
을미사변 때 이곳은 일본군과 의병들이
치열한 전투를 했던 곳
제천 출신 의병들이 초개와 같이
목숨을 던지며
나라를 위해 일어섰던 곳
지금은 트로트 자락 요란하게
역사를 잊고 살아가는 곳
얼어붙은 동토에도 봄은 왔었고
산에는 진달래가 흐드러지게 피었더라
그래서 우리가 살아가는 곳
벌써 봄은 저만치 가고 있는데
당신은 알고 있었는지
겉만 보고 판단하지 마시게
의림지에도 봄은 이미 와 있었소

거침없이 간 일월 이월 삼월
사월아 너도 똑같구나

아침 식사를 하다가 뜨락을 보니

나무들에게 핏기가 비친다

어찌 하느님은

세상을 이리도 절묘하게 만드셨을까

낮이 가면 밤이 오고

해가 지면 별과 달이 뜨는

평범한 동화 같은 얘기를

남자와 여자를 통해서 보여주고 계실까

우주의 형성과 운용은 결국 사랑이다

모처럼 해가 뜨고 그리운 사람들이

가슴에 부지런히 들락거리는 날

한 끼 식사가 이렇게 달 수도 있구나

사는 게 재미있도록 가끔은 봄바람도 불고

나를 부러워하는 사람도

있었으면 하는 생각은 욕심일까

봄날이 간다

지나가면 추억으로만 기억될 봄날이 간다

사랑,
그 추상의 이름이여

오늘 밤에도 별이 내리네

청평호는 이미 내린 별들로

발 디딜 틈조차 없다네

봄이면 새 생명이 저리도 많이 태어나는데

이곳은 가족과 이웃 사랑하는 사람과의 이별을

준비하는 사람들만 모였네

새벽부터 잠자리 들기 전까지

감사와 축복의 삶을 살게 해줘서

고맙다고 표정으로 말하는 사람들

알아요 알아

내가 속물이라서 잘 이해하지 못하고

떠나려는 사람을

무작정 잡으려고만 한다는 것을

몇 개 안 남은 별들 중에

그나마 희미하기 짝이 없지만

이미 별 하나씩을 차지하고 있는 사람들

오늘은 그 사람들과 축제의 밤을 보내려 하네

밤새도록 마주 보면서 별빛이 스러질 때까지
춤을 추려고 하네
사랑해요
이제는 곧 망각의 강을 건너게 될 내 사랑
그 추상의 이름이여

아가야 내 어릴 적 아가야

엄마가 일하러 밭에 나가면
나는 누나 등에서 잠만 잤었지
보릿고개 넘어갈 적에
하루는 정말 길었지
먼산에 뻐꾸기 천천히 울면
누나는 허기로 비틀거렸지
무서워하면서도 누나 등에서
나는 울음을 참고 있었네
하늘은 높고
날씨는 얼마나 찐득찐득하던지
손가락만 빨다가 잠이 들었네
아가야 우지 마라
누나 눈에서 흘린 눈물이
고무신을 적신다

세상엔 하얀 꽃들이
봄부터 지금까지 피고 지고 했지만

봄에 피는 꽃들 중에 가장 하얀 꽃은 어떤 꽃일까
백매화 목련 아카시아 냉이 배꽃 싸리 백도라지
불두화 섬초롱 분꽃 흰색매발톱 이팝 조팝 실목련
돌단풍 찔레…
그 어느 꽃도 당신보다 하얀 꽃은 없었네
항상 주변을 깨끗하게 청소해 주는
투명수채화 같은 사람인데도
지금까지 너무 소홀하게 대했던 것은 아닌지
부끄럽다네
아름다움은 치장보다 정리에 있다는 것을
몸소 보여주던 당신이 지나간 자리엔
언제나처럼 여명이 천천히 뒤따르고 있었지
세상엔 성냥개비 한 개로 컨 불씨라도
필요한 사람에겐
목숨보다 소중할 수 있다는 것을 실천한 당신이
올해 봄엔 가장 하얀 꽃일세

나비야
내 정물 속의 나비야

내 어릴 적 가슴에 담았던 나비 한 마리가

지금도 비 오는 날이면 세상 밖으로 나가려고 하네

나비야 조금만 더 참으렴

밖에는 봄비가 내리고 있단다

아직 꽃은 화원에만 가득하지 우리들의 뜨락엔

냉이 몇 뿌리가 고작이란다

겨울 말미에 가지 못하고 숨어 있었던

일월 바람의 잔해가

봄비 사이사이로 찬바람을 불어대는구나

나비야 내 가슴에 파고 들어온 지

벌써 사십 년이 넘었구나

너 때문에 사랑도 해보고 결혼도 했었지만

너는 내게 마지막 남은 사랑을 빼앗아 갔잖니

나비야 봄비가 오는구나

네 사랑 성질을 쏙 빼닮은 미친 봄바람도 부는구나

나 몰래 나갔다가 감기라도 걸리면 안 돼

다시 돌아올 거지

나비야
어릴 적 내 필통 속의 나비야

초등학교 시절 내 필통 속에는
몽당연필이 가득 채워 있었다
수업시간에는 필통 속에서 사이좋게 잠자다가
쉬는 시간이면 도박에 출전한 불쌍한 연필들
겉으로는 멀쩡했지만 깎아보면
척추가 다 부러져서 연필로는 사용할수 없었던
골병든 전사들이었다
나비야 친구 탓에 도박에만 이용당하다가
어느 날 헤어져 꿈속에서 다시 만났구나
육십 년이 흘렀는데도
예전 모습 그대로인 나비야
지금 그 필통은 없지만
있어도 그 시절로 다시 돌아갈 순 없구나
투사들 틈에서 쌔근쌔근 끼여 자던
너희들의 눈물 그렁한 눈이 얘기하려는 마음을
지금은 알 것 같구나

봄비가 내린다

내가 너에게 봄비라고 부르는 것은

이번이 마지막일 것이다

비에 대해서 마지막 인연이 스쳐간 것도

벌써 이십 년이 지났다

살다 보면 함박눈에 인연이 많이 생길 것 같지만

아니다, 비가 더 많은 인연을 얽히게 해 준다

오늘 뜨락을 적시는 비를 보면서

올해도 꽤 괜찮은 인연의 기운이 다가옴을 느낀다

삶은 인생의 교차 방정식이다

서로 간의 부족한 점을 보완해 주는 인연

그것을 기점으로 완성도를 높여가는

인생이란 긴 여정의 길에서 준비할 버킷리스트

꿈이 있는 사람을 많이 만나자

이번 생의 여행지에선 아쉬움이 남지 않는

아름다운 마무리를 해보자

봄비가 내린다

봄비가 내린다

봄비가 내린다

빗속에서 울지 말아요
당신답지 않아요

당신 때문인지 사월의 비가 자주 내려요
알아요 당신 슬픔이 무엇을 의미하는지
그래도 울진 말아요 울면 사랑이 아니래요
사랑은 울고 싶어도 사랑하는 사람을 위해
참을 수 있어야 하는 거
울면 이미 사랑이 아니래요
내 곁에 있든지 떠난 사람이든지
사랑은 지켜져야 해요
당신 알아요
세상이 질투할 만큼 아름다운 당신
그래도 지조는 지켰잖아요
떠나간 사랑이라 하더라도
당신은 끝까지
그 사랑을 욕되게 하지 않았으니
빗속에서 제발 울지 말아요
당신답지 않아요

사랑은 졸릴 때 떠난다

사랑할수록 사랑을 대하는 예절이 필요하다
못난 사람들은 자신의 사랑에는
혹독한 잣대를 대고 상스럽게 대하지만
처음 본 사람에겐 친절하고 예의 있게 행동한다
내가 모자라서 사랑이 움직이는 것이 아니다
지신에게 관심을 가져주고 예우를 해주는
사람에게 눈을 돌리게 된다는 것이다
사랑은 이렇게 항상 움직인다
회자되는 옛사랑의 얘기는 잊어버려라
음식에 조미료가 가미되면 감칠맛이 더해지듯
사랑도 가끔씩 이벤트가 필요하다
효는 부모에게만 필요한 것이 아니라
내 사랑에게 더 절실할 수 있다

사랑아, 덜떨어진 내 사랑아

별을 보다가
숨겨놓고 혼자만 보고 싶은 별을 만났네
저 별 어디가 좋아서
저 별 어디가 사랑스러워서
가슴 깊이 숨기고 싶었을까
세상엔 비밀이 없다는데
새벽하늘에 내 사랑이 떠가네
내 흉내를 내면서
온 동네 잠 깨우고 떠가네
사랑아, 덜떨어진 내 사랑아
이제는 둘이서 손잡고 가네

밤, 어디로 가나

하루의 반은 밤

일 년의 반은 밤

평생의 반은 밤

어두운 밤 나는 어디로 가나

내 전생이 있던 곳

다시 내 전생이 될 이곳을 지나

어디로 가야 하나

저 강은 흘러서 바다에서 만난다지만

세월은 흘러서 어디로 가는가

꿈을 꾸는 사람들이 모여 사는 곳

윤회가 정지한 사람들이

안식의 눈을 감는 곳

영혼들의 피난터에

안개보다 짙은 은하수가 흐르네

세상의 반은 밤

이루어진 사랑의 반은 밤

오늘 밤도 은하수가 흐르네

3부

인생은…

풍차가 바람을 맞아 돌아가듯이
쉬엄쉬엄 가는 것
목숨을 걸고
격렬하게 살아온 것 같아도
나이 들어서 생각해 보면
도토리 키재기 같은 것
그러니 오늘부터라도 더 아름답게
살기 위해 노력해야 하는 것

그래 민들레야

잘 자라서 바위틈에 꽃까지 피웠구나
네 잘못이 아니란다
너를 이렇게 만든 우리의 잘못이란다
그래 이 세상처럼
우리는 네게 해준 것이 없지만
너는 꽃을 피웠구나
네 아버지 어머니도 못다 한 것을
너는 해냈구나
사랑한다 민들레야
여전히 민들레야

부르고 싶은 사람이 있다

높은 산에 올라가
목이 터져라 불러보고 싶은 사람이 있다
지금은 이 세상 사람이 아닌 사람
세상 그 어느 누구도 잘 알지 못하던 사람
깊은 산속이나 무인도에서 나를 기다릴
선물 같은 사람
내가 선택하지 않고 그분이 선택한 사람
그 사람이 어젯밤 꿈속에서 보였다

해산을 만나다

해산 최수식 선생님을 만났다
세상과 자신과 나라에 대한
사랑이 넘치시는 분
예술은 재주로 하는 것이 아니라
목숨으로 한다는 것을 '혈마도'로부터 배운다
창밖은 모처럼의 한파로
행인들의 발걸음도 끊겼다
일제에 찢긴 그 모진 세월을
우린 왜 까맣게 잊어가고 있을까
사랑도 부귀도 좋다지만
비겁하게 살고 싶진 않다는 그 말
그 작은 체구에서 서릿발처럼 쏟아지던
대한민국 만세 만세 만세
가슴에 추상같이 전해온다

하루를 살아도
더 아름답게 더 건강하게

꿈은 크든 작든

올해도 꾸고 이루자

독수리처럼 높이 날면

어려운 길도 쉽게 찾을 것

자서전을 쓰지 말자

그 시간에 이 세상을 떠날 때

후회하지 않게 일하자

눈 내리는 하늘을 날면서

사랑도 해보고

또 내년이 있다고 자위하지 말자

친구야 올해는 올해 다 쓰자

바오밥(바오바브)의 꿈

세상의 생명을 가진 모든 것들은
오래 사는 것이 꿈이라지만
내 작은 꿈은 오랜 친구를 가지는 거란다
지금은 육십 년을 겨우 사는 인간과 악어
고래 앵무 학 거북이밖에 없지만
그들은 친구가 아니란다
친구란 생의 기쁨 슬픔을 같이 나눠야 하는데
이 땅에 그런 친구가 어디 있을까

- 바오밥

"너무 오래 살다보니 사는 것도 지긋지긋해
우린 극한 환경에서 살아남기 위해서
한 방울의 눈물도 아껴 만든 수만 리터의
물주머니를 차고 있단다
무겁지만 어떡하겠어 살아남으려니
수명은 좀 짧아도 인물을 좀 없어도 성질은 좀 더러워도
얘기가 잘 통하는 어린 친구가 내겐 필요해
이천 년 이상을 혼자 외롭게 살다 보니
너희가 살아온 얘기도 잘 알아 거짓말이 태반이야

내 친구를 소개해 주면 네 조상들이 살다간
굴절된 역사도 많이 가르쳐 줄 수 있단다"
바오밥아 바오밥아 나도 아직 친구가 없단다
외로워야 사는 맛이 더 절실한 게 세상이야
올해는 너도 만들고 나도 만들어 보자

늘
가슴속에서 날아라

당신의 아름다운 눈매 같은 꿈을

가슴속에 간직하고 날려 보세요

그 꿈이 당장은 무엇을 바꾸지는 못하겠지만

꿈이 만들어 가는 세상이

우리들의 사이에 세워진 작은 벽을

조금씩 허물어 갈 것입니다

늘

오늘처럼

자신 있게 나는 모습을 보여주세요

삼월의 식탁

눈을 뜨니 당신이 누워 있던 자리가 휑하오
습관처럼 일어나
당신의 아침을 짓기 위해서 주방으로 나왔소
뭐가 좋을까
당신이 좋아하던 것은 어떤 것이 있었을까
결국엔 혼자 먹을 것을 알면서도 잔뜩 준비해 본다오
하늘엔 아직 새벽별이 가득하고
먼산엔 잔설이 남아 있소
세상엔 아름다운 사람 천지지만
아름다운 사람들이 흔들던 태극기 물결
백 년 전의 하늘을 생각해 본다오
그때나 오늘이나 세상은 너무 가혹하오
그래 카레 샤부샤부를 만들자
미역과 콩나물 어묵 버섯을
데쳐서 먹는 퓨전요리를 만들어 보자
사과도 넣고 바나나도 넣고 호두와 아몬드도 넣고
또 또 옹심이도 몇 개 빠뜨릴까 막걸리도 한 병 준비하고
웃으면서 삼월의 첫 식탁을 차려 보자 브라보

사랑은 술에 절어서
지금 봄비처럼 흘러내린다

아무리 좋은 술이라도 마시다 보면 술이 쉽게 지친다

오늘 술이 그만 해요 그만해요 하면서 누워 있다

내가 그 술을 붙잡고서

일어나라고

일어날 수 있다고 달랜다

술이 쓰러져서 술병을 할퀸 지 얼마나 지났을까

이끼가 낀 술병에서 꺼이꺼이 맑은 울음을 우는 비

세상을 공명통 삼아서 우는구나

봄비가 되어서 우는구나

아무리 반성해도 같은 길을 걷는 이여

비를 온몸에 뒤집어쓰고서도 부끄러워하지 않는 이여

봄비에 실려서 따라온 저 바람 소리를 들어라

봄에 내려서 봄비가 아니라 술로 내려서 봄비다

사랑이 한이 된 봄비

그래 술비가 흘러내린다

나는 네가
커피로 불릴 때가 싫다

오늘 너를 안으려고 새벽부터 움직였다

무수히 많은 이름 중에

내가 너를 부를 이름이

오늘은 향이었으면 좋겠다

성춘향, 계월향이 아닌

향이었으면 좋겠다

커피면 됐지 뭐가 또 필요할까

하지만 그 많은 이름 중에

내가 사랑하는 이름

봄향이면 좋겠다

참꽃(진달래)처럼 너무 달지 않고

네 몸에서 나는 바람결 같은 향

지켜보다가 쓰러질 것 같은

봄향이 내게 다가온다

그래 너희들은 오늘부터 커피 향이라 불려도 좋다

의림지의 겨울이 녹고 있네

이천 년 전 하늘과 지금의 하늘이
다른 점은 없다네
다만 우리는 쌀에 대한 절박함이 없어서
저수지를 호수로만 바라보네
파란 하늘에 쌀로 쓴 가득한 글씨를
왜 사람들은 알아보질 못할까
봄이 그냥 오는 게 아닌 데도
저렇게 무심할 수 있을까
저수지 하나로 삼천 명은 생존할 수
있었을 옛날 그 땅에
속삭이는 소리 들리네
배곯지 말거라 배곯지 말거라
바람 소리로 들려오네

봄소풍 가세

바람막이 점퍼 한 장이면

봄바람도 소매 끝에서 맴돌다 갈 때

봄소풍 가세

세상은 파란 싹이 조금씩 돋아나고

나를 기억하는 저 멀리 아지랑이 손짓하는 날

하던 짓거리 내려놓고

봄소풍 가세

도시락은 동네 분식집 김밥 한 줄, 샌드위치 하나

막걸리 한 병, 과자 한 봉지 그거면 됐지

오늘 만날 수 있는 인연은 누구일까

대화는 없어도 봄을 느낄 수 있는 사람이면

누구든 상관 있겠나

내 모습이 조금 청승맞을 수 있겠지만

봄소풍이 원래 이런 것인 걸 어떡해

빈 까치집에도
하루를 열어주시는 하느님

삼월의 봄이 삭아가고 있네
오늘도 변함없이 빈 까치집에도
여명을 밝혀주네
밤하늘에 별과 달
밝은 빛과 에너지를 주고서도
가장 힘들고 어려운 곳까지
사랑을 놓치지 않네
잘난 놈이나 못난 놈이나 살뜰히 지켜주네
그래 기본은 내가 다 갖춰줄 테니
너희들은 서로 도우면서
세상을 즐겁게 살라고 하는 것 같아서
더 감사한 날
우리가 힘든 것은 노력하지 않은 것일 뿐
내 죄가 아니라고 하네
어찌 됐든 사랑하는 하느님

집에는 언제라도
떠날 배가 있어야 한다

여자는 말한다

"집이 있는 남자가 책임감이 있죠

떠날 때 집이라도 남겨주는 사람

그런 사람이 좋죠"

나도 집은 있다

비록 다 쓰러져 가는 집이지만 비 피할 곳은 된다

내가 집이 있는 이유는 돌아올 곳이

있어야 하기 때문이다

여자에게 집은 부동산이지만

남자에게 집은 고향 같은 곳이다

집 앞에는 배가 한 척 있다

언제라도 훌쩍 떠날 수 있게 정박하고 있는 배

향해야 할 목적지는 내 꿈 희망이 있는 곳

집에서 멀지 않은 가까운 곳

나에겐 떠나려고 준비된 배가 있다

이름도 없는 빈 배

그 배의 주인은 아직도 나다

고독한 남자 1

고독한 남자가 있었어
혼자 사는 외딴집 작은 침실에 모기 몇 마리가
숨어들어와 밤새도록 남자를 괴롭혔었지
손 발 뒤통수의 피만 죽어라 빨아대는 거야
세상에서 가장 가려운 고문을 받은 사내지만
날마다 비겁하게 살충제를 쓸 수는 없었어
그런데 오늘 새벽 그놈들을 다 잡아치운 거야
서부의 건맨처럼 한 놈 한 놈 낚아챈 주검 앞에
그동안 헌혈했던 피가 손바닥을 슬프게 적셨고
베토벤의 교향곡 5번 '운명'이 울려 퍼졌어
나는 고독한 남자
하지만 이제 더 이상 고독할 순 없어
집을 뛰쳐나가 세상으로 복귀할 거야
사랑도 해보고 술도 마셔 보고 친구도 사귀어 볼 거야
고독한 남자가 있었어
그러나 지금은 고독한 남자가 아니야
세상으로 뛰쳐나갈 사랑의 헌터야

고독한 남자 2

한 사내가 우네
서른 몇 해 살아왔던 외딴집을 떠나며 우네
빈집엔 새벽이 찾아오고
동쪽 하늘은 붉게 물들어 갔어
내가 가려는 세상은
꿈을 꾸는 이웃과 친구들이
언제부턴가 하나둘 모여드는 곳
가진 것은 없어도 내 사랑을
이곳에서 만날 수 있다면 얼마나 좋을까
하루를 살아도 설렘으로 맞이하는 세상
그런 세상을 향해 가지만 여기란 확신은 없어
새로운 세상에서 만난 첫날 아침이여
우리 모두 술잔을 들어 건배
과거를 불태우며 건배
이제부터 사랑의 헌터가 될
나를 위하여 건배

꿈의 거울에 비친 실루엣은
네 꿈이 만들어낸 미래란다

아름답구나

지금 네 모습은 부모의 DNA 10%와

너의 노력 그리고 지혜로움이 인도해서

만들어낸 결과물이겠지

꿈의 거울에 비친 너의 미래 모습이

세상의 아름다움을 다 보여주는 것 같아서 좋구나

그래도 네가 갈 길은 멀고도 험난하단다

조금만 나태하면 낙오되고 마는 세상

그것이 죽을 때까지 네가 겪어 가야 할

숙명이라면 믿겠니

그래도 살아가면서 너무 힘들면

조금씩 쉬기도 하렴

아가야 아름답구나

사람들은 너를 얘기라고 말할지 몰라도

너는 이미 어른이란다

지금의 어른들보다 꿈이 더 맑고 깊은

어른이란다

봄은 우리에게 어떤 존재일까
어떻게 공유하는 시이일까

오늘은 일찍 일어나서 봄 안에 누웠다
봄은 나를 어루만지며 얘기한다
사람들은 계절을 입으로만 종알거려요
대화도 차단한 채 카페에 파묻혀서
자폐의 삶처럼 카톡으로만 얘기해요
봄이 바로 옆에 있는데도
봄이 어떤 건지 생각조차 안 해요
당신은 좋은 사람 같아요
서로의 가슴에 담고 있는 지난 얘기며
아픈 얘기를 스스럼없이 나눌 수 있잖아요
혹시 오늘 밤에 시간 있어요
당신이 낮이나 밤이나 같은 사람이듯
저도 여름이 오기 전까진 봄이에요
살아가면서 이렇게 만나기 진짜 어려운데
만나게 돼서 정말 반가워요

사월의 당신

다행이에요

아직도 집에 있는 당신에게

두 가지의 꽃소식을 전할 수 있어서요

여자라면 봄바람에 실려 나들이할 시간

작은 뜨락을 가꾸고 있는 당신

휴대폰 벨이 종일을 울어도

말없이 여가를 즐기는 평화로운 당신

편지를 쓰고 계신 모습이 보기 좋아요

그리고 미안해요

봄은 여심을 밖으로 불러내고

들뜨게 하는 마력이 있다지만

당신의 미소처럼

봄을 소박하고 조용하게 이끄는 모습이

너무나 고와요

그래도 가끔은 친구도 만나고

외식도 하고 여행도 다녀요

지난날 힘든 기억은 이젠 잊어야 해요

아카시아와 층층나무가

당신이 보고 싶다고

꽃소식을 전하네요

당신이 앉았던 자리엔
커피 향이 흐르고

도시 남자를 아시나요

당신이 만나던 그런 남자

얼굴이 잘생기고 큰 키에 차가워 보이는 외모

세련된 패션 감각 돈도 제법 있어 보이는 남자

백 세 인생이라지만

짧은 생을 그런 남자라면 같이 살 수 있겠지

청국장 같고 김치찌개 같은 남자를 아시나요

계란찜과 떡볶이도 좋아하지만

당신이 좋아하는 음식이라면 다 좋아하는 사람

절제된 자유를 좋아하고 사랑에 미칠 줄 아는 사람

가슴이 따뜻하고 아이들을 사랑하는 사람

하지만 내가 아는 진짜 남자는

도시도 시골 출신도 아닌

건강하고 가끔 요리도 할 줄 알고

여자의 마음을 잘 이해하고 도와주는 사람

그리고 부지런하면서 성실한 사람인데

그런 사람은 없어요

당신이 앉았던 자리엔 커피 향이 흐르고
당신이 빨다 버린 담배꽁초만 남아 있네요

당신의 지난 삶에 인식된 인연이여
그 시간의 조화여

산다는 것은 각성이다

이승에서의 삶의 정지는 윤회의 시작이니

산 것과 죽은 것은 진배없다고 생각해야 할까

그것이 아니면 무엇으로 허무함을 통제할까

부질없어도 안 되고 골몰해서도 안 되니

이게 천생(天生)에 씌워진 인연이란 운명이다

그래서 깨달음이 어렵다

차라리 이승에선 이승의 법으로

저승에선 저승의 법으로 주어진 삶을

연결고리 없이 산다면 편할 것이다

이승과 저승의 연결고리를 끊는다면

생은 어떻게 바뀔 것인가

석가탄신일을 앞두고 내려놓는 것에 대한

또 다른 생각 그리고

인연이란 미련에 대해서 생각에 잠긴다

처음엔 몰랐어요
천덕꾸러긴 줄로만 알았어요

애꿎은 손거울만 탓하면서 내 얼굴을
비하하고 있을 때 한 사람이 나타난 거예요
"당신은 매력 있어요
지금 이 도시가 병든 거 아세요
내겐 축복이 되었지만
아름다워도 아름답다고 말하지 못하는 세상
그게 다 당신 때문이에요
예쁜 사람들이 못생긴 사람들만
친구로 사귀는 이유를 아세요
그래야 자신이 돋보이잖아요
당신은 때 묻지 않았어요
오월의 장미를 닮지 않고 은하수가 뜨락에
뿌려진 듯한 꽃 말발도리를 닮았어요"

4부

타임머신을 타고
조선 시대의 미인을 만나다

시대가 바뀌었어도 미인은 변하지 않는구나

하지만 마음이 아프다

기생의 신분이었지만 절제된 미와 지조

세월을 뛰어넘는 도회적인 분위기가

은은한 향취로 풍기는 여인

기생이라서가 아니라

지난한 세월을 힘들게 살다가 가셨을 분

지금의 대한민국을 꿈속에서라도

생각해 보셨을까

오늘밤은 하늘에 별이 가득했으면 좋겠다

조선 시대 말기 한복의 노출 패션을 만나다
여자는 아름다움 앞에서 항상 당당하다

그 어떤 시대에도

유행을 통제하기가 어려웠다

사내들은 유행 앞에서 쭈뼛대었지만

여인들은 당당했다

여자가 주도하는 유행이 아니었다면

인류의 발전은 늦어졌을 것이다

욕심을 내는 사람들이 만들어가는 경제

그곳의 중심에는 여인이 있었다

자연의 아름다움을 묘사한 노래와 시가 나오고

여인이 미소를 짓는다

세상의 발전이 시작되는 시점이다

사내는 한 가정의 일꾼이자 노예지만

직함을 얻었다

하지만 그게 뭐 대수인가

미녀와 같이 한다는 것이 중요하지

나부(A woman in the nùde)

누드는 아름다움을 그리려는 것이 아니다
벗은 몸에서 숨어 있던 인체의 골격과 근육, 혈관 등을
정확하게 관찰하고 재현해 내려는 것으로서
처음엔 해부학적인 접근이 옳은 방법이다
이것을 공부하지 않은 화가, 만화가, 의상디자이너는
존재 가치가 없다
의상디자이너일 경우 아름다운 옷은 만들 수 있어도
인체공학적으로 편한 옷은 만들 수가 없는 것이다
땀을 흘렸을 때 땀이 흐르는 방향 숨을 들이쉴 때와
내쉴 때 그리고 움직임에 따라 나타나는 근육 살의
흐름을 모르고선 인체를 안다고 할 수 없을 것이다
누드가 예술로서의 완성도가 높으려면
중견화가는 되어야 인체에 녹아든 세월의 풍상을
그럭저럭 표현할 수 있을 것이다
젊은 나이엔 똑같이 그릴 수는 있어도
지난 세월을 그리기엔 경험의 폭이 너무 적다
누드는 이래서 어렵다
사랑이 섬세해야 하는 이유는 누드 같기 때문이다

소녀와 강아지

'섬그늘'을 부르면 집 나간 엄마가 생각이 나요
강아지와 나는 담장에 기대어 서서 보리가 피면
돌아온다는 얼굴도 모르는 엄마를 기다려요
하늘은 시리도록 높아만 가고 보리는 손짓하며
우리를 부르는데 동구 밖 신작로엔 아지랑이만
가득하여라
이삭이 피기까지는 며칠 밤이 남았을까
언제쯤 제 몸을 주며 내 눈물을 닦아줄까
보리와 나 강아진 기다림 만큼 잘 자라지 않아요
그런데도 우린 아무리 먹어도 배가 고파요
허기에 주린 배를 움켜쥐고서 집에 들어가려면
해가 지길 아직도 기다려야 해요
강아지야 강아지야 천덕꾸러기 우리가 나가야
집 나간 올 아버지 엄마가 돌아오실까

나를 행복하게 하는 법

마음을 차분하게 만들기 건강한 사랑을 하기

좋은 음식 챙겨서 먹기 운동 알맞게 하기

모임을 줄이기 여행 자주 다니기

여행지에서 좋은 사람 사귀고 술 마시기

좋은 잠자리 갖기 욕심 내려놓기

좋은 물 자주 마시기

요리해서 사랑하는 사람 차려주기 목욕 자주 하기

양치 가글 가볍게 하기 안마 자주 받기

편견 없이 음악 듣고 예술품 감상하기

좋고 편한 옷 입기

사랑하는 사람 좋아하는 사람 자주 초대하고

선물하기 잔소리 잊어버리기

말 만드는 사람 만나지 않기

한 달에 한 번 산에 가서 하고 싶은 욕 마음껏 퍼대기…

또 있을라나

킬힐의 의미

킬힐은
건강과 자신감의 표현이다
하지만 젊음은 여기에 포함되지 않는다
젊다고 해서 다 용기와 자신감이 있는 것은
아니기 때문이다
과거의 아름다움은 미모와 몸매에 있었는데
현재의 아름다움은 지성 개성 외모의 연출력이
말하는 자신감이다
킬힐을 신는 사람은 안다
아름다움을 표현하기 위해서 지금 하는 노력이
내 미래를 바꿀 것이라는 것을

이월의 와인

와인을 얘기할 때마다
애호가들은
여러 가지 미사여구를 가져다 붙이는데
와인에 수식어를 붙이는 사람들은
술꾼이 아니고 대부분 소믈리에급 애호가다
잔은 유리잔이면 좋고 안주는 무엇이든 괜찮지만
견과류도 좋고 포도나 건포도도 좋다
와인은 오래될수록
가지고 있는 태생적 한계인
단맛 신맛 떫은맛을 순화시키는
자연 숙성이 진행된다
하지만 아무리 좋은 와인도 백 세는 넘기지 못하니
보관보다는 맛있을 때 먹는 게 맞다
와인의 최상 수명은 십오에서 이십 년이다
와인은 일이월에 선물로 전국 유람을 떠난다
하지만 흔하다고 그 맛이 떨어지는 건 아니다
이월의 와인은
언제나 부부 금실 쌓기에 최고의 묘약이다

어디에 살든
사는 것처럼 살면 돼

높은 곳에 살면 거기가 천국일까

높으나 낮으나 내가 몸을 누인 곳이

몸에 맞으면 맨션이고

아니면 노숙보다 못할 것이다

어머니 젖가슴에 매달려 오르던 우리 집

그때가 천국인 줄 알았던 젖먹이 시절을

지금까지 까맣게 잊고 살아왔구나

집은 깨끗하고 집과 내부 환경에

휘둘리지 않으면서 내가 주연이면 된다

자신의 집에서 조화를 이루지 못하고

허덕이며 사는 조연의 삶은 슬프다

나는 지금 초라한 빌라에서 임대 캠핑을 하고 있다

다행히 하늘은 열려 있고

작은 뜨락이라도 나를 보고 있어서 좋다

어머니는 지금 내세에서 무엇이 되어

무엇을 하고 계실까

비 내리는 서늘한 봄날이다

와인, 카페의 밤

뒷골목 카페에서 R&B가 흐르고
내 옆자리의 빨간 립스틱 여인이
와인을 홀짝이며 취객을 스캔하고
잔에 묻은 립스틱을 손으로 닦아 건네는
싸구려 와인 한 잔
어두운 조명 아래서도 짙은 선글라스로
눈을 가려야 하는 애잔한 카페의 밤
나는 천천히 취해가고
음악과 그녀의 눈길에 몸을 맡긴다
와인의 좋은 점은
그녀의 눈을 볼 수는 없지만
상상력이 날개를 펴고 상상력의 끝은
깊은 꿈을 꾸게 된다는 것이다
오늘 나는 너에게 취해 볼 것이다
그리고 너를 떠날 것이다
이승에서는 찾을 수 없는 먼 곳에서
한 동이의 막걸리를 빚으며 오늘을 후회할 것이다
와인과 삼류 정치 같은 무드가 흐르는 카페에서

그리운 어머니

쌀 한 됫박만 있었어도 며칠을 행복했던 어머닌
식구들 먹이고 입히는데 평생을 보내셨다
하늘나라에 가신 어머닌 걱정을 덜으셨는지
아직까지 소식이 없다
세상은 변해서 그까짓 쌀 한두 가마니쯤
쌓아놓고 먹을 수 있는 시절이 왔다지만
그때는 왜 그렇게 힘들었을까
지금은 소식 없는 어머니가 오히려 고맙지만
걱정 없이 살고 계실 어머니가 정말 고맙지만
여전히 그리운 어머니

우리들의 어머니

모내기철에 얼마나 바쁘면
딸 등에 업혀 온 아기의 젖을
서서 먹이시던 어머니
얼마나 고생스러웠으면
삼십 대의 얼굴이 지금의 칠십 대보다
더 늙어 보이시던 어머니
그 어머니 때문에
지금의 우리가 있다

어머니, 우리들의 어머니

짜장면 한 그릇도
제대로 앉아서 드실 수 없었던
우리들의 어머니
그 아이들이 자라서
벌써 초로의 노인들이 되었습니다
그들이 부르는 어머니의 노래가
수요일 새벽을 깨웁니다
가난하게 살았어도 그때가 좋았다고
우리들은 말합니다
봄볕보다 따스했던 그리운 손길의 어머니
오늘따라 좋아했으면서도 자식들 돌보느라
잘 드시지 못했던 짜장면이 생각납니다
그래서인지 언제부턴가 멀리하게 된 짜장면
해마다 황사철이면 밀려오는 어머니 생각에
몸살을 앓았던 사월이
미끄러지듯이 지나가고 있습니다

완두콩 79

할머니는 완두콩을 깔 때마다
눈물을 훔치셨어
완두콩 밥을 지어달라던
숙환의 할아버지 말씀을
돌아가실 때까지
이른 봄이라 차려드리지 못한
한 때문이셨을까
할아버지가 돌아가신 뒤
가족들이 보는 앞에서
완두콩을 깐 적이 없었던 할머니가
냉동 완두콩 밥을
가족들이랑 같이 해 먹고 나서
며칠 후 영면에 드셨단다
어느 폭설 쏟아지던 겨울 저녁 어스름
군부대에서 경계를 서다가 소식을 전해 들었어
어두워질 때까지 빈 총을 쏘아대다가
눈발이 멈춰서야 마음을 내려놓았어
완두콩 그까짓 게 대체 뭐라고

가장 사랑하는 것을 버리면
바뀐 세상을 보게 된다

내가 늑대를 만나면

다치거나 집아먹히거나

다행스럽게 도망가거나

늑대가 나를 만나면

가죽 점퍼가 되거나

친구들과의

저녁 식사에 초대되거나

다행스럽게 도망가거나

지난밤에 나는 혼자였고

늑대도 혼자였을 것이다

우리는 서로를 잘 알기에 만나기 어렵다

하지만 내가 사랑하고 아끼는 것을

미끼로 던진다면

늑대는 나를 찾을 것이고

이튿날 늑대와 나의 운명은

바뀔 것이다

정월 대보름달이 뜨면

보름을 앞두고 미친 듯이 한파가 찾아왔네
한파 뒤에는 폭설이 쏟아졌고
내가 내 얼굴을 못 알아볼 만큼 정월 바람은
나를 흔들고 지나갔네
대보름 때문만은 아니네
푸른 뱀이 용이 될 기운이 충만해서일까
일주일이 그렇게 지나갔네
대보름달이 뜨기 전에 이번에도 소원을
빌어야 하나
오곡밥을 먹고 부럼을 깨물고 귀밝이술을 마시고
할 건 다 해봤지만 이루어진 것은 없었네
대보름달이 뜨면 철새도 고향을 찾아가겠지
철새 편에 외로움을 고향에 실어 보내볼까
달아, 몹쓸 놈의 고뿔 걸린 달아
네가 빛나면 별들이 어둠 속에 숨는구나
달빛 속에 숨어서 네가 빨리 그믐달이
되기를 간절하게 기도하고 있구나

삶은 계란 까는 법

계란을 까는 데 무슨 법이 있겠냐마는
그렇지 않다
쉽게 까지는 계란도 있지만 정말 까기
어려운 계란도 있기 때문이다
인터넷과 유튜브에서 얘기하는 온갖 지식을
동원해도 딱 맞는 정답은 없다
계란을 까다보면 꼭 인생을 닮았다
쉬운 일 어려운 일 교묘한 일 나락에
빠질 일 등등 그러나 계란을 까면서
안 까진다고 재풀에 지칠 필요는 없다
즐겁게 천천히 인생을 살아온 대로 하면
힘들지도 않고 고민에 빠질 일도 없게 된다
자신이 먹을 계란이 안 까진다고 화를 내면
그것이 몸에서 무엇으로 변할지 생각하자
어느 닭인지는 몰라도 네가 낳아준 한 알의
생명 정말 고맙다 잘 먹을게

부처님은 말씀하셨다

내 형상을 만들지 마라
내 제자가 되려고 노력하지 마라
부처가 되는 길은 마음을 비우고 노력하면
깨달음이 오리니 사람에 따라 다를 수 있다
부처가 되면 윤회의 순환이 끊어지리니
이것이 하느님을 닮는 유일한 길이다
승복을 입고 머리를 깎지 마라
그것이 수행을 불편하게 한다면 시작부터
잘못된 것이니 생활인으로 열심히 살아라
깨달음은 멀리 있는 것이 아니라 내가 나를
아끼는 데 있다
내가 보리수 나무 밑에서 단식을 끝냈을 때
그것조차도 부질없음을 알았다
나를 기리지 말고 부처 같은 삶을 살게 되면
네가 사는 곳이 곧 극락이다

아름다운 사람이 여는 세상은 황홀하고 아름다운 마음을 가진 사람이 여는 세상은 세상 그 자체다

2025년 일월 초하룹니다

오늘도 어제와 변함없이 하루를 맞을

준비를 하면서 새해 첫 하늘을 봅니다

늘 보는 하늘이지만 더 맑고 생동감 넘치는

대기와 새벽별들이 왠지 마음을 설레게 합니다

세상은 일찍 일어나는 사람이

그 아름다움을 독점하는 것이 아니라서 다행입니다만

오늘은 유독 눈이 맑은 당신과 나누고 싶은 날

찬란한 태양을

당신을 기다리듯 소중하게 맞이하려 합니다

오늘은 세상의 재미와 선을 긋고서

우리들의 버킷리스트를 선정하고

가족과 친구의 공유지분을 융합하는 해

사랑하는 사람도 설득하는 해로 만들고 싶습니다

아름다운 당신 당신이 만들어 가는 세상에서

더 멋진 한 해를 출발하려고 합니다

상현의 밤

달은 당신을 위해 뜨지만
저 별은 빛을 잃어가네
달 뜨기를 기도하는 나는 달바라기요
당신이 좋아하던 눈이 내리던 날도
소식을 끊던 당신
그래도 오늘 밤은 상현이라 안심이 되오
당신은 모를 거요 저 달을 보고 있으면
인생살이가 어린아이 일기 쓰는 것 같소
그래요, 인생은 고고하게 살아왔어도
유치한 거요
달이 밝을수록 별은 빛나지 않는
오늘은 그런 밤
집 나갔던 사람도 돌아오고 싶은 그런 밤
당신을 기다린다오
사랑아 내 사랑아 달 보러 가세
사랑아 당신 닮은 달 보러 가세

짝 안 맞는 양말과 부끄러움에 대해서

부끄러움은 가난한 마음에서 오는 것
짝 안 맞는 양말이라도 발은 따뜻할 테고
짝이 아니니 서로 사랑해도 이세에 대한
유전학적인 문제는 없을 것이다
다만 사랑을 하고 싶으면 목숨을 바쳐서 해라
무늬만 사랑이면
너를 지켜보는 사람들이 힘든다
가슴의 허기가 너를 마구 흔들더라도
자존감을 잃지 않고 있으면
언제든 네가 기다리는 사람이 찾아올 테고
사랑은 꿈을 꾸는 술래를 알아보고
미소 질 게다

5부

고향가는 길 4

그리 멀지 않으면서도
일 년에 서너 번만 다녀온 고향 길
어머니는 얼마나 애를 태우셨을까
사업이며 결혼생활 과음 등
걱정거리만 가득했던 아들 생각에
하루도 마음 편할 날이 없으셨을 어머니
그래서 더 찾지 못했던 고향 길
어머니도 말년에는 치매가 왔다
장남 같이
가슴 짠한 아들이라도 있어야 하는데
그래야 가슴 뜯기는 속상함 때문에
정신 바짝 차리고 살아가셨을 텐데
형제들의 과효도로 그것을 내려놓자
서슬 퍼런 어머니도 치매가 왔다
그리고
형제 중에 나만 알아보시던 어머닌
조용히 눈을 감으셨다

내 마음의 한파

세상이 아무리 추워도
내 가슴만 하겠는가
오이먀콘에서도 사람들이
생존하는 것을 보면
추위는 절대상대온이다
마음이 추워서 천국 일정을
앞당기는 사람들은 있겠지만
추위로 생명을 포기하진 않는다
며칠째 한파가 계속되고 있다
추운 사람 앞으로 나와
마음이 추운 사람 앞으로 나와
세상이 이렇게 분리될 수 있다면
얼마나 좋을까
추위는 동시다발적으로 온다
내가 체온을 전해주면
견딜 수 있는 아픈 사람들과
오늘 하루를 나눠보자

밀애, 트로트의 귀환

별을 보다가 숨겨놓고 혼자만 보고 싶은
별이 있었네
저 별 어디가 좋아서 저 별 어디가 사랑스러워
가슴 깊이 숨기고 싶었을까
세상엔 비밀이 없다는 걸 왜 몰랐을까
새벽하늘에 내 사랑이 떠가네
내 흉내를 내면서 온 동네 잠 깨우고 떠가네
사랑아, 덜떨어진 내 사랑아
이제는 둘이서 손잡고 떠가네

눈이 내리는 날 병실에서

조금 전 입원 수속을 끝냈다
병실 창밖엔
눈이 성을 내며 악다구니를 쓰고 있었다
호텔은 몸만 가면 된다지만 병원은 챙길 것이 많다
놀러가는 것과 삶의 방어전은 다르기 때문일까
입원실에 있으면서도
환자복을 입은 내 모습이 조금은 낯설기까지 하다
항상 새해 벽두엔
세상에 떠돌던 모든 바이러스가 초청도 없이 찾아온다
하지만 이번에도 살아남았다
삶의 방향타를 흔드는 일은 왜 꼭 명절 때만 일어날까
손을 내려놓으면 다 피안이라고 하지만 그렇지 않다
내가 내려놓는 것과 타의에 의해서 내려놓는 것은 다르다
이런 것에 화를 내거나 흥분할 내가 아니다
별반 차린 것도 없이 매년 이 지랄을 떠는 내가
얄궂다고 조상님이 꾸짖어도 할 말이 없다
오늘 눈은 슬프다
저 눈 때문이라는 말은 언제쯤 멈추게 될까

설날에
세상이 바뀌어 가는데 우리도 변해야지요

우리 입맛도 변했단다
금년 설에는 음식도 좀 바꾸고
음악도 틀고 의상도 좀 바꾸고
너희들이 좋아하지 않는 것은
우리도 싫어한단다
온 천지가 하얗구나
올해도 건강하길 바란다
무리한 기도는 하지마라
너희가 안 되는데 우리라고
별 수 있겠니
사랑한다

저녁 식사를 차리면서

나를 위해 정말 오랜만에 저녁상을 차린다
늙은 호박 된장찌개와 양배추 쌈, 두부구이
그리고 파래김과 김치 등
장을 본 지가 오래돼서 더 이상 차릴 게 없다
밥 대신 고구마가 쪼그리고 누워 있는데도
밥상이 초라해 보이지는 않는다
식사를 잘해야 한다는 강박관념에
술만큼 혀끝에 달라붙지 않는
외로운 저녁 식사를 시작한다
살려고 하는 식사가 아니고
더 건강하기 위해 하는 식사라서 씹고 또 씹는다
이왕 사는 거 재미나게 살아보자
혼자서 즐기는 일요일의 저녁 식사

지켜줄 수 있어야
사랑이다

지켜줄 수 없는 사랑은 폭력이다

이웃으로부터 사회로부터 세상으로부터

지켜져야 하는 것은 단순한 육체적인 것만이 아니다

인간적인 자존감 금전적인 어려움 외에도

사람이 누려야 할 일반적인 행복의 조건 등도 포함된다

사랑을 한다면서도 해괴한 논리로 헤어진다던가

함부로 유명을 달리해서도 안 되는 게 사랑이다

오늘 Monica Belluci의 'Malena'를 보면서

숭고했던 사랑도 짓밟히고

부서질 수 있다는 것을 알았다

사랑을 지켜주지 못하는 사회는 죽은 사회다

죽은 사회에서 지식을 키우고

교육을 시켜야 하는 것은 비극이다

우리가 이 사회에 생명을 주고 변화시키자

모두가 세상으로부터 자유롭고 더 아름답게

사랑할 수 있는 세상으로 만들자

겨울을 지우는 청소

떠나는 겨울이 흔적을 남기는 것이 싫어서
마음을 비우는 청소를 합니다
창밖의 새들도 자리를 비울 준비를 하고
봄에 찾아올 철새들과 교체 준비를 하는지
울 새조차 없어 적막합니다
사람들이 겨울에 진저리를 치게 하려고
마지막 한파를 퍼붓고 있는 날
평소에 하지 않던 청소를 시작합니다
청소도 해본 사람이 한다고
눈에 보이는 것 치우는 게 한계입니다
하지만 이 청소는 겨울과 봄에
의미가 있으면 좋겠습니다
그래야 새봄을 반기고 가는 겨울에 대해선
수다 떨지 않겠지요
오늘은 그것도 일이라고 시장하네요
아침 식사라도 서둘러 준비해야겠어요

어떻게 살 것인가

사는 것이 중요한 게 아니다
네 모습이 부끄럽지 않아야 한다
아침마다 있지도 않은 머리카락을
의례처럼 다듬으며 보낸 세월이 길다
무엇을 위해서 머리를 다듬느냐
무엇을 위해서 분노하고 정색하느냐
차를 마시듯이 샤워를 하듯이 살아라
그렇게 살면 된다
세상이 움직이는 게 네 잘못이 아니다
열심히 사는 것보다 더 중요한 것은
네가 서 있는 위치다
사랑하는 사람과 눈을 마주하는 위치
그게 같으면 된다

지금 보리는

요즘 시장에서 보리를 보면
우리 보리라고 적혀 있다
보릿고개가 지나가자 우리 보리는 사라지고
수입 보리가 그 자리를 메웠다
먹을 것이 없어서
보릿겨 가지고도 떡을 해 먹었던
할머니 어머니 슬기롭다 못해 경이로웠던
그분들이 헤쳐나온 자리에
보리 대신 블루베리 커피가 자라고 있다
보리는 고뇌에 빠졌다
지금의 삶은 보릿고갠 아니지만
정치의 보릿고개가 이 땅을 휩쓸고 있다
국민보다 무식한 정치가 나라를 흔드는 데도
우리는 추억의 맛 보릿겨떡(개떡)을 찾고 있다
아 언제쯤이면 우리 보리도 축제가 아닌
농작물로 당당히 살아갈 수 있을까
이른 봄 딸내미 손을 잡고
보리밟기를 할 수 있을까

세상을 막걸리가 바꾸진 않겠지만
화를 참는 시간을 벌 수는 있다

누워서 먹어야 막걸리다

앉아서 먹으면 한 끼 식사

이거도 술이라고 술김을 빌어 허세라도 부리면

술주정이 된다

세상을 바꾸는 힘은 아주 작은 것부터 시작된다

상대방의 장점을 보는 눈

힘들어도 노력하는 긍정의 힘

사랑하는 사람일수록 무례하지 않고

더 아낄 수 있는 사랑의 방법론

효는 윗사람에게만 하는 것이 아니라

아랫사람에게도 똑같이 적용된다는 평범한 진리

그래 이것만 알면 막걸리를 마셔라

자격이 있다

인생은 자신이 원하는 대로
살아지는 게 아니다

삶은 늪 속에 빠진 거와 같다

늪에서 탈출하고

자신이 원하는 삶을 살기 위해선

좋은 동반자도 필요하고 환경도 필요하다

나는 지금까지 살아오면서 두 가지만 생각했다

한 번도 뒷걸음질을 쳐본 적이 없고

술을 제외하곤

버렸던 것을 다시 시작한 적이 없다

지금 나에게 남은 것은 오래된 인연뿐이지만

그래도 자신 있는 게 사는 방법이다

버릴 줄 아는 게 중요하다

버릴 줄 모르면

살면서 만든 그 많은 인연을 어이할까

버려도 버려도 남는 인연이면 어이 할까

늪속에선 사는 방법만 터득하면 된다

오래 건강하게 살면 삶의 근사치에 도달하게 된다

그게 인생이다

입의 기능은 먹는 것이다

언제부터 입이 말을 했던가
입은 의사 표현보다는 먹기 위한 기능이다
그런데 말이 더 중요한 부분을 차지하면서
세상이 바뀌었다
사람을 볼 때
입술에 윤기가 없는 사람의 말을
신뢰하지 말아라
입술이 건강하지 않은 사람은
건강한 사고를 가지고 있지 않으며
뱉은 말을 뒤집을 수 있는 사람이다
입술이 아름다워야 사랑도 잘하고
세상을 건강하게 살 수 있는 법
오늘 당신은 거울부터 보라
그리고 입술이 거칠면 윤기가 날 때까지
집에서 휴식하는 것이 좋다
그게 세상을 사는 지혜다

고양이 다섯 마리

고양이 다섯 마리가

지나가는 사람들을 구경하고 있습니다

좋은 놈과 나쁜 놈 외엔 없습니다

괜찮은 놈이 지나가면 고양이들은 잡니다

봄날에 잠이 쏟아지지만

사람들을 구경해야 합니다

그래야 오늘 밥이 생깁니다

고양이 다섯 마리가

따스한 봄볕 아래서

절박한 오수를 즐깁니다

남녀 간의 사랑과 평화는 같지만
착각하기 쉽다

국가 간의 평화는 오랜 관계나

외교력으로 되는 것이 아니라

힘의 균형이 만드는 것이다

타인의 힘을 빌려서 하는 전쟁과 평화는

어떤 결과를 초래했는지 지난 역사에서 배웠다

남녀 간의 사랑은

열정과 믿음으로 되는 것이 아니라

서로 간의 조화로움이 만든다

이것을 착각하면 불행의 시작이 될 수 있다

나는 지금까지 살아오면서

힘의 균형과 조화로움은 같은데도

이를 어떻게 판단했으며

잘못 대처한 적은 없었는지

겸허하게 반성해 본다

제법 따스함이 느껴지는 봄날이다

당신을 초대하고 싶은 날
그리고 막걸리가 생각나는 날

그리움으로만 살다 보면 눈병은 생기지 않네

즐거움으로만 살다 보면 인생을 어찌 알까

슬픔으로만 살다 보면 생기는 게 병일세

우린 어떻게 살아야 할까

변화를 주는 삶이 답이다

넘치면 나누고 부족하면

아쉬운 부탁도 할 줄 아는 용기

그것은 부끄러운 게 아니라 삶을 살찌게 하는

작은 셈법이다

요즘 자주 찾아오던 새들이 발길을 끊었다

여당은 탄핵정국에

새들도 슬픔을 가누지 못해서라고 넉살을 떨고

야당은 국민의 슬픔 앞에

새들도 자중하는 것이라고 하는 것을

꿈속에서 분명하게 들었다

우리나라에서 가장 수준 낮은 집단은

어떻게 탄생했을까

무엇이든 어떠랴
하지만 뭐든지 자기를 가두어서 얻는 행동철학은 안 된다
방관해서도 안 되고 가정을 꾸려 가듯이 길게 해야 한다
오늘은 반가운 얼굴 몇 초대해서
막걸리라도 흠뻑 나누고 싶은 날이다

바다가 육지라면

천국이 될까

바다에는 바다생물이 육지에는 육지생물이

살지만 삶을 담보로 해서 오가진 못했다

이승과 저승처럼 엄격한 경계는

숨 쉬는 방법이 구분하고 있다

출발은 바다에서 했어도

육지에서의 삶을 선택한 종족, 나는 인간이다

우리는 지구에선 신처럼 군림하면서도

내면은 심약해서

천 명이 넘는 신들을 꾸려가면서도

쉬지 않고 창조하는 것이 신이었다

먹고사는 게 그렇게 힘들었을까

목숨을 부지하고 죽는 게 그렇게 무서워서였을까

먼 옛날처럼 바다생물과 육지생물이

서로 터전을 공유하고 왕래하는 미래

다른 종족을 양식하거나 노예로 쓰지 않는

세상이 왔으면 좋겠구나

용불용설이 퇴화하여 과거를 기억하는 회귀의 삶

지구 한마당이 되었으면 좋겠구나
바다에는 태풍 대신 산들바람이 불고
아파트에도 남태평양 파도 소리 들리는 세상
천국을 노래하지 않아도
사는 곳이 천국이 되는 미래가 올까
죽어라 기도하면 그런 미래가 오게 될까

나는 이브다
인류 최초의 여성이다

십오만 년 전 나는 호모사피엔스로 출생하여
인류의 어머니가 된 여자다
지금 생존하는 지구의 인류 중 만여 명을 제외하곤
다 내 DNA를 가지고 있는 것이 그 증거다
그런데 그 누구도 믿지 않으려는 것이 현실이다
세상은 보수든 진보든 편견에 사로잡혀서 산다
이념과 철학보다 우선시하는 것은
선입견이라는 편견이다
지들 어미는 난데 민족을 앞세워서
전쟁으로 편가르기를 하려는 사람들이 안타깝다
민족은 한 종족의 지정학적 역사적으로
고립된 종족이었음을 의미한다
고립된 적이 있었던 사람들이
종족 편가르기를 또 한다면 그 종족에겐 미래가 없다
세상과 천체는 왜 둥굴까
둥굴게 살면서 보고 배우라는 것인데
제 어미도 못 믿는 것들이 하느님은 제대로 믿을까

건강하면 알게 돼

아름다움은
건강이 제공하는 자신감이다
아름다운 사람은 어디에서나
거침이 없다
산과 강 바다 하늘
때론 뒷골목에서도
아름다운 힘이 머무는 곳엔
자유와 평화와 사랑이 있다
건강하게 사는 법은
바보 같은 성실함에서 시작된다
성실한 사람은 그래서 아름답다
아름다운 사람이 연출하는 발의 미학
걸어서 완성하는 중심에
당신이 있어서 고맙다

올해도 열심히 살아왔구나, 남은 며칠이라도 쉬어가야지

해마다 겪는 일이지만
올해도 치열하게 살았고 살아남았구나
이젠 쉬어야지 하면서도
신년이면 올해가 마지막이란 말이 무색하게
또다시 일을 시작한 지도 여러 해다
사막에선 소금이 없으면 생존할 수 없다
운송수단으로 낙타를 쓰지만 낙타란 놈이
그렇게 무지하지 않다는 거다
낙타가 가지고 있는 영악함을 이용해서
목적지까진 먹이로 유혹해서 데려가고
소금을 싣고 나면 먹이를 줄여도
부지런히 갈 수밖에 없다는 것을 낙타가 안다
초원과 물이 있는 곳까지 빨리 가지 않으면
자신의 목숨도 위태로울 수 있다는 것을
감지하기 때문이다
그래 우리는 낙타 같은 삶을 사는
사람들인지도 모른다

스스로 영악하다고 자위하지만
세상이 항상 저만치 앞에서 간다
여유가 있다고 해서 쉴 수 있지도 않다
잠시 쉬는 것으로도
영원한 휴식이 보장될 수 있기 때문이다
하지만 금년 며칠은 쉬어야겠다
사랑하는 사람아 우리 같이 쉬어 보지 않으련

책상 위에서 십이월의 캘린더가 찢길 날을 기다리고 있다

일 년에 두세 번 보는 캘린더가
마지막 장만 남았다
오늘은 커피만 해도 십여 잔을 마신 거 같다
하늘에선 축복처럼 별빛이 쏟아지고 나는
그 별빛을 온몸으로 맞이하기 위하여
창문을 활짝 열어놓고 옷을 벗었다
별빛이 내 몸에 들어온다
혈관을 타고 일주천한 별빛은 숨을 쉴 때마다
입김으로 세상의 공기와 교감하고 있다
불협화음과 불협화음이
악보에서 만들어내는 완성화음의 세계에
찢겨진 지난 캘린더의 잔해가 뒹굴고 있다
십이월이 간다
십이월의 캘린더에 나도 얹혀서 가고 있다